目 录

学习情境 1　动力电池的认知 ··· 1

　　任务 1　认知新能源汽车对动力电池的要求 ··· 1

　　任务 2　认知铅酸动力电池 ··· 3

　　任务 3　认知镍氢动力电池 ··· 5

　　任务 4　认知磷酸铁锂电池 ··· 8

　　任务 5　认知三元锂动力电池 ··· 10

　　任务 6　认知氢燃料电池与其他类型动力电池 ··· 11

学习情境 2　动力电池成组管理 ··· 14

　　任务 1　认知动力电池组 ··· 14

　　任务 2　认知动力电池管理系统 ··· 17

学习情境 3　动力电池的维护及检测 ··· 19

　　任务 1　动力电池的日常保养 ··· 19

　　任务 2　动力电池的更换与开盖维修 ··· 22

　　任务 3　检测汽车动力电池 ··· 25

学习情境 4　动力电池的检修 ··· 27

　　任务 1　检修动力电池的绝缘故障 ··· 27

　　任务 2　检修动力电池管理系统的电源故障 ··· 28

学习情境 1 　动力电池的认知

任务 1 　认知新能源汽车对动力电池的要求

【技能目标】
1）能够结合实物描述动力电池的基本参数。
2）能够结合实物分辨出电动汽车电池。

【素养目标】
1）能够在工作过程中与小组其他成员合作、交流，养成团队合作意识，锻炼沟通能力。
2）养成 7S 的工作习惯。
3）养成服从管理，规范作业的良好工作习惯。

【任务描述】
　　某客户新买了一辆吉利帝豪 EV450 轿车，但该客户缺乏对该车辆的了解。作为专业人员，你需要给客户讲解新能源汽车动力电池的相关知识。你能完成任务吗？

【任务分析】
　　作为专业人员，你应该掌握动力电池的性能要求、动力电池的基本参数和电动汽车电池分类等方面的知识，能够结合实物描述动力电池的基本参数，并结合实物分辨出电动汽车电池。

【任务实施】
1.结合所学内容，补全表 1-1-1 中空白。

表 1-1-1 　动力电池基本参数及解释

序号	基本参数	解释
1	电压	
2	电池能量密度	
3	电池比功率	
4	电池荷电状态	
5	性能状态	

2. 结合所学内容，补全表 1-1-2 中空白。

表 1-1-2　电池的分类和特点

序号	电池	名称	特点
1			
2			
3			
4			

3. 结合所学内容，补全表 1-1-3 中空白。

表 1-1-3　不同电池的性能

项目	铅酸蓄电池	镍镉电池	镍氢电池	锂离子电池
工作电压 /V				
质量比能量 /(W·h·kg^{-1})	3570	40~60	60~80	90~160
体积比能量 /(W·h·L^{-1})	70	150	200	270
充放电寿命 /次				
自放电率 /(%·月$^{-1}$)	5	25~30	30~35	6~9
记忆效应				
环境污染				
成本 /[美元·(kW·h)$^{-1}$]	75~150	100~200	230~500	120~200

【任务评价】

根据表1-1-4对本任务实施过程进行评价。

表1-1-4 任务评价表

序号	检查项目	自我评价	小组评价	教师评价	备注
1	任务1（20分）				
2	任务2（20分）				
3	任务3（20分）				
4	遵守纪律（10分）				
5	做好7S管理工作（10分）				
6	完成本工作任务单的全部内容（20分）				
	合计				
	总分				

任务2 认知铅酸动力电池

【技能目标】

1）能够结合实物描述铅酸蓄电池内部结构。

2）能够结合实物分辨出铅酸蓄电池。

【素养目标】

1）能够在工作过程中与小组其他成员合作、交流，养成团队合作意识，锻炼沟通能力。

2）养成7S的工作习惯。

3）养成服从管理，规范作业的良好工作习惯。

【任务描述】

某客户新买了一辆低速电动汽车，但该客户缺乏对该车辆的了解。作为专业人员，你需要从铅酸蓄电池内部结构、铅酸蓄电池的应用等方面对客户进行讲解。

【任务分析】

作为专业人员，你应该掌握阀控式铅酸蓄电池的结构特点、铅酸蓄电池的内部结构和铅酸蓄电池的应用等方面的知识，能够结合实物描述铅酸蓄电池的内部结构，并结合实物分辨出铅酸蓄电池。

【任务实施】

1. 结合所学内容,描述阀控式铅酸蓄电池的5个特点。

2. 结合所学内容,补全图1-2-1中空白。

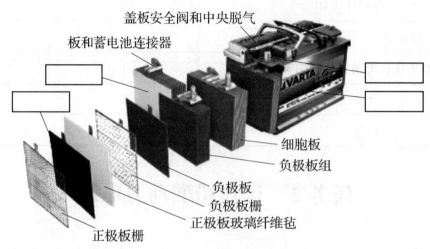

图 1-2-1　阀控式密封铅酸蓄电池的结构

3. 结合所学内容,补全表1-2-1中空白。

表 1-2-1　铅酸蓄电池的应用、名称及特点

序号	应用	名称	特点
1			
2			

序号	应用	名称	特点
3			
4	消防应急照明灯		

【任务评价】

根据表 1-2-2 对本任务实施过程进行评价。

表 1-2-2　任务评价表

序号	检查项目	自我评价	小组评价	教师评价	备注
1	任务 1（20分）				
2	任务 2（20分）				
3	任务 3（20分）				
4	遵守纪律（10分）				
5	做好 7S 管理工作（10分）				
6	完成本工作任务单的全部内容（20分）				
	合计				
	总分				

任务 3　认知镍氢动力电池

【技能目标】

1）能够结合实物描述某款混合动力汽车镍氢电池的结构。

2）能够结合实物分辨出哪款汽车使用了镍氢电池。

【素养目标】

1）能够在工作过程中与小组其他成员合作、交流，养成团队合作意识，锻炼沟通能力。
2）养成 7S 的工作习惯。
3）养成服从管理，规范作业的良好工作习惯。

【任务描述】

某客户新买了一辆大众途锐混合动力汽车，装备有镍氢动力电池，但该客户缺乏对该车辆的了解。作为专业人员，你需要从镍镉电池的特性、镍氢电池的特性和混合动力汽车镍氢电池的结构等方面对客户进行讲解。

【任务分析】

作为专业人员，你应该掌握镍镉电池的特性、镍镉电池存在的问题和混合动力汽车镍氢电池结构等方面的知识，能够结合实物描述某款混合动力汽车镍氢电池结构，并结合实物分辨出哪款汽车使用了镍氢电池。

【任务实施】

1. 结合所学内容，描述镍氢电池的 6 个特点。

2. 结合所学内容，补全图 1-3-1 中空白。

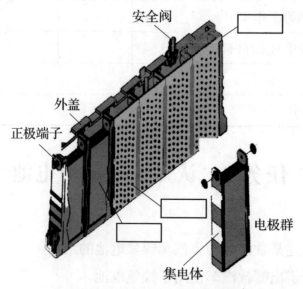

图 1-3-1　用于混合动力汽车的方形镍氢电池模块的结构

3. 结合所学内容，补全表1-3-1中空白。

表1-3-1 镍氢电池的应用、名称和特点

序号	应用	名称	特点
1			
2			
3			

【任务评价】

根据表1-1-4对本任务实施过程进行评价。

表1-3-2 任务评价表

序号	检查项目	自我评价	小组评价	教师评价	备注
1	任务1（20分）				
2	任务2（20分）				
3	遵守纪律（20分）				

续表

序号	检查项目	自我评价	小组评价	教师评价	备注
4	做好7S管理工作（20分）				
5	完成本工作任务单的全部内容（20分）				
	合计				
	总分				

任务4 认知磷酸铁锂电池

【技能目标】

1）能够结合实物描述某款电动汽车磷酸铁锂电池的工作原理。

2）能够结合实物分辨出哪款电动汽车使用了磷酸铁锂电池。

【素养目标】

1）能够在工作过程中与小组其他成员合作、交流，养成团队合作意识，锻炼沟通能力。

2）养成7S的工作习惯。

3）养成服从管理，规范作业的良好工作习惯。

【任务描述】

某客户新买了一辆比亚迪汽车，该车配备有磷酸铁锂动力电池，但该客户缺乏对该车辆的了解。作为专业人员，你需要从磷酸铁锂电池的结构、电动汽车的续航里程和如何充电等方面对客户进行讲解。

【任务分析】

作为专业人员，你应该掌握电动汽车的分类、磷酸铁锂电池的工作原理和磷酸铁锂电池的优势等方面的知识，能够结合实物描述某款电动汽车磷酸铁锂电池的工作原理，并结合实物分辨出哪款电动汽车使用了磷酸铁锂电池。

【任务实施】

1.结合所学内容，描述磷酸铁锂电池的7个优势。

2. 结合所学内容，补全图 1-4-1 中空白。

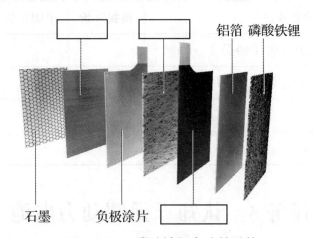

图 1-4-1 磷酸铁锂电池的结构

3. 结合所学内容，补全表 1-4-1 中空白。

表 1-4-1 磷酸铁锂电池的应用、名称和特点

序号	应用	名称	特点
1			
2			

【任务评价】

根据表 1-1-4 对本任务实施过程进行评价。

表 1-4-2 任务评价表

序号	检查项目	自我评价	小组评价	教师评价	备注
1	任务 1（20 分）				
2	任务 2（20 分）				
3	任务 3（20 分）				
4	遵守纪律（10 分）				

续表

序号	检查项目	自我评价	小组评价	教师评价	备注
5	做好 7S 管理工作（10分）				
6	完成本工作任务单的全部内容（20分）				
	合计				
	总分				

任务 5　认知三元锂动力电池

【技能目标】

1）能够结合实物描述某款电动汽车三元锂电池的温度适应性。

2）能够结合实物分辨出哪款电动汽车使用了三元锂电池。

【素养目标】

1）能够在工作过程中与小组其他成员合作、交流，养成团队合作意识，锻炼沟通能力。

2）养成 7S 的工作习惯。

3）养成服从管理，规范作业的良好工作习惯。

【任务描述】

某客户新买了一吉利帝豪 EV450 轿车，该车配备有三元锂动力电池，但该客户缺乏对该车辆的了解。作为专业人员，你需要从三元锂电池的安全性、温度适应性和充放电效率等方面对客户进行讲解。

【任务分析】

作为专业人员，你应该掌握三元锂电池的安全性、温度适应性和充放电效率等方面的知识，能够结合实物描述某款电动汽车三元锂电池的温度适应性，能够结合实物分辨出哪款电动汽车使用了三元锂电池。

【任务实施】

1.结合所学内容，描述磷酸铁锂电池与三元锂电池性能对比的 4 个特点。

2. 结合所学内容，补全表 1-5-1 中空白。

表 1-5-1　磷酸铁锂电池与三元锂电池性能对比

性能	磷酸铁锂电池	三元锂电池
总容量 /(kW·h)		
能量密度 /(kW·kg^{-1})	140	171
国标续航里程 /km	550	530
充放电特性	充放电 3000 次循环 行驶里程 120 万 km	充放电 1200 次循环 行驶里程 48 万 km
重要特征		

【任务评价】

根据表 1-1-4 对本任务实施过程进行评价。

表 1-5-2　任务评价表

序号	检查项目	自我评价	小组评价	教师评价	备注
1	任务 1（20 分）				
2	任务 2（20 分）				
3	遵守纪律（20 分）				
4	做好 7S 管理工作（20 分）				
5	完成本工作任务单的全部内容（20 分）				
	合计				
	总分				

任务 6　认知氢燃料电池与其他类型动力电池

【技能目标】

1）能够结合实物描述某款锌空气电池电动车的原理。

2）能够结合实物分辨出哪款电动汽车使用了哪种动力电池。

【素养目标】

1）能够在工作过程中与小组其他成员合作、交流，养成团队合作意识，锻炼沟通能力。

2）养成 7S 的工作习惯。

3）养成服从管理，规范作业的良好工作习惯。

【任务描述】

某客户新买了一辆氢燃料电池的轿车，但该客户缺乏对该车辆的了解。作为专业人员，你需要从燃料电池的原理与分类、燃料电池的特点及锌空气电池的原理和分类等方面对客户进行讲解。

【任务分析】

作为专业人员，你应该掌握燃料电池的原理与分类、燃料电池的特点、锌空气电池的原理和分类等方面的知识，能够结合实物描述某款锌空气电池电动车的原理，并结合实物分辨出哪款电动汽车使用了哪种动力电池。

【任务实施】

1. 结合所学内容，描述锌空气电池的6个特点。

2. 结合所学内容，描述燃料电池的特点。

3. 结合所学内容，补全图1-6-1中空白。

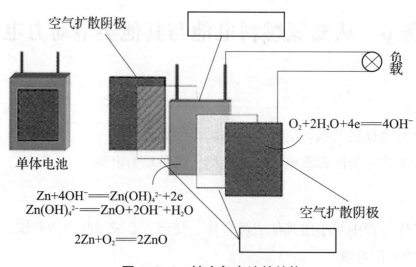

$Zn+4OH^- = Zn(OH)_4^{2-}+2e$
$Zn(OH)_4^{2-} = ZnO+2OH^-+H_2O$

$2Zn+O_2 = 2ZnO$

图1-6-1 锌空气电池的结构

【任务评价】

根据表 1-6-1 对本任务实施过程进行评价。

表 1-6-1 任务评价表

序号	检查项目	自我评价	小组评价	教师评价	备注
1	任务 1（20 分）				
2	任务 2（20 分）				
3	任务 3（20 分）				
4	遵守纪律（10 分）				
5	做好 7S 管理工作（10 分）				
6	完成本工作任务单的全部内容（20 分）				
	合计				
	总分				

学习情境 2 动力电池成组管理

任务 1 认知动力电池组

【技能目标】

1）能够结合实物描述某款电动汽车动力电池组成部件的功能。

2）能够结合实物分辨出电池包的布置形式。

【素养目标】

1）能够在工作过程中与小组其他成员合作、交流，养成团队合作意识，锻炼沟通能力。

2）养成 7S 的工作习惯。

3）养成服从管理，规范作业的良好工作习惯。

【任务描述】

某客户打算买一辆吉利帝豪 EV450 轿车，想对吉利帝豪 EV450 的动力电池组进行了解。作为专业人员，你需要从动力电池的基本概念、动力电池的组成部件和动力电池组成部件的功能等方面对客户进行讲解。

【任务分析】

作为专业人员，你应该掌握动力电池的基本概念、动力电池的组成部件和动力电池组成部件的功能等方面的知识，能够结合实物分辨出电池包的布置形式。

【任务实施】

1. 结合所学内容，补全表 2-1-1 中空白。

表 2-1-1 动力电池的基本概念和特点

序号	实物	名称	特点
1			

续表

序号	实物	名称	特点
2			
3			

2. 结合所学内容，补全图 2-1-1 中空白。

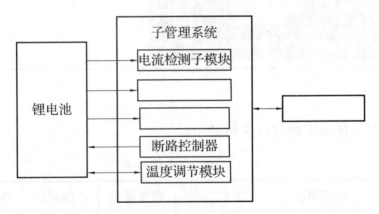

图 2-1-1　电池管理系统的功能

3. 结合所学内容，补全表 2-1-2 中空白。

表 2-1-2　各电池包布置形式的名称和特点

序号	电池包的布置形式	名称	特点
1			

续表

序号	电池包的布置形式	名称	特点
2			
3			
4			

【任务评价】

根据表 2-1-3 对本任务实施过程进行评价。

表 2-1-3 任务评价表

序号	检查项目	自我评价	小组评价	教师评价	备注
1	任务 1（20 分）				
2	任务 2（20 分）				
3	任务 3（20 分）				
4	遵守纪律（10 分）				
5	做好 7S 管理工作（10 分）				
6	完成本工作任务单的全部内容（20 分）				
	合计				
	总分				

任务2　认知动力电池管理系统

【技能目标】
1）能够结合实物描述某款电动汽车的电池保护功能。
2）能够结合实物分辨出动力电池管理系统的工作模式。

【素养目标】
1）能够在工作过程中与小组其他成员合作、交流，养成团队合作意识，锻炼沟通能力。
2）养成7S的工作习惯。
3）养成服从管理，规范作业的良好工作习惯。

【任务描述】
某客户打算买一辆吉利帝豪EV450轿车，想对吉利帝豪EV450的动力电池管理系统进行了解。作为专业人员，你需要从电池管理系统的基本功能、电池保护功能的主要项目和动力电池管理系统的工作模式等方面对客户进行讲解。

【任务分析】
作为专业人员，你应该掌握电池管理系统的基本功能、电池保护功能的主要项目和动力电池管理系统的工作模式等方面的知识，能够结合实物描述某款电动汽车的电池保护功能，并结合实物分辨出动力电池管理系统的工作模式。

【任务实施】
1. 结合所学内容，描述动力电池管理系统的5种工作模式。

2. 结合所学内容，补全图2-2-1中空白。

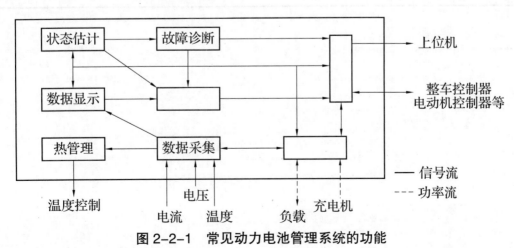

图2-2-1　常见动力电池管理系统的功能

3. 结合所学内容，补全图 2-2-2 中空白。

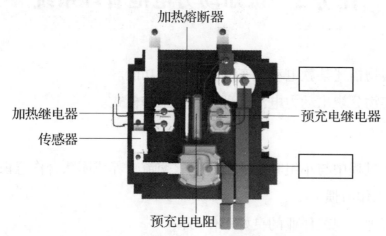

图 2-2-2　动力电池管理系统高压接触器的控制原理

【任务评价】

根据表 2-2-1 对本任务实施过程进行评价。

表 2-2-1　任务评价表

序号	检查项目	自我评价	小组评价	教师评价	备注
1	任务 1（20 分）				
2	任务 2（20 分）				
3	任务 3（20 分）				
4	遵守纪律（10 分）				
5	做好 7S 管理工作（10 分）				
6	完成本工作任务单的全部内容（20 分）				
	合计				
	总分				

学习情境 3　动力电池的维护及检测

任务 1　动力电池的日常保养

【技能目标】

1) 能够结合实物描述某款电动汽车的电池性能指标。
2) 能够对吉利帝豪 EV450 电动车进行安全操作。

【素养目标】

1) 能够在工作过程中与小组其他成员合作、交流，养成团队合作意识，锻炼沟通能力。
2) 养成 7S 的工作习惯。
3) 养成服从管理，规范作业的良好工作习惯。

【任务描述】

某客户有一辆吉利帝豪 EV450 轿车，该客户到 4S 店保养汽车。作为专业人员，你需要对该车辆进行保养，你能完成任务吗？

【任务分析】

作为专业人员，你应该掌握电池性能指标、动力电池包结构识别和吉利帝豪 EV450 电动车安全操作等方面的知识，能够结合实物描述某款电动汽车的电池性能指标，并对吉利帝豪 EV450 电动车进行安全操作。

【任务实施】

1. 结合所学内容，补全表 3-1-1 中空白。

表 3-1-1　吉利帝豪 EV450 动力电池总成维护项目

总成	保养项目	保养内容	保养周期
动力电池总成	电池箱外围	电池箱体（含尾部挂梁）与车辆底盘的固定螺柱紧固	10000km 或 6 个月保养一次
		电池箱体（含尾部挂梁）与车辆底盘的固定螺柱腐蚀/破损	
		高压连接器公插与母插清洁度/腐蚀/破损	
		低压连接器公插与母插连接可靠性	
		电池箱箱体划痕/腐蚀/变形/破损	
		电池下箱体底部防石击胶划痕/腐蚀/破损	
	电池状态		
		检查 PACK 绝缘阻值	

2. 结合所学内容，补全图 3-1-1 中空白。

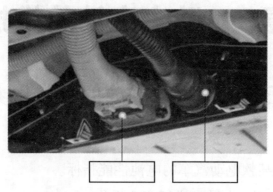

图 3-1-1 动力电池插接件

3. 根据不同项目的维护周期，补全表 3-1-2 中空白，并在相应位置打"√"。

表 3-1-2 动力电池日常保养登记表

维修班组：　　　　维修技师甲：　　　　维修技师乙：　　　　质检员：

整车型号	
车辆识别代码	
发动机型号	

1. 对仪器进行检查

检查仪器名称	检查方法	是否正常
防护用具	绝缘手套、绝缘胶带、绝缘鞋、绝缘服、车辆防护用具	是□ 否□
拆装工具	新能源专用拆装工具套装、扭力扳手	是□ 否□
检测工具	万用表、兆欧表	是□ 否□

2. 操作过程

序号	实施步骤	是否完成
一	检查与维护前的准备工作	
1	关闭点火开关，拔下钥匙	是□ 否□
2	拆下低压蓄电池负极，使用绝缘胶带包好	是□ 否□
3	佩戴绝缘手套，断开动力电池高压维修开关	是□ 否□
4	拆下动力电池总正、总负和低压线束插头	是□ 否□
二	清洁动力电池箱内部	
	检查动力电池箱内部是否有粉尘，若有，用高压气枪清理	是□ 否□
三	检查与维护熔断器	
	用万用表_____挡测量熔断器通断，是否损坏	是□ 否□

续表

序号	实施步骤	是否完成
四	检查与维护加热熔丝及电流传感器	
	用万用表_____挡测量加热熔丝及电流传感器是否导通	是□ 否□
五	检测与维护继电器线圈	
	用万用表_____挡检测总正和总负继电器的线圈电阻,阻值是否需要更换	是□ 否□
六	检查与维护预充电阻	
	用万用表_____挡检测预充电阻的电阻值是否符合正常阻值	是□ 否□
七	检查与维护内部线缆	
	检查动力电池内部高压线缆,确保连接可靠,必须佩戴_____	是□ 否□
八	检查与维护动力电池模组连接件和安装点	
	检查动力电池模组电路螺栓连接是否可靠	是□ 否□
九	检查与维护动力电池的保温性和干燥性	
1	检查动力电池包内部边缘保温棉是否脱落、损坏	是□ 否□
2	检查动力电池箱内部是否有积水,并用绝缘表测量动力电池箱的绝缘性能	是□ 否□
十	检查与维护电芯防爆膜及外观	
	检查电芯防爆膜、电芯外观绝缘是否破损,检查时必须佩戴_____	是□ 否□
十一	检查动力电池内部的绝缘性能	
	用数字绝缘表_____挡测试总正、总负搭铁阻值,阻值是否符合规定≥_____Ω/V	是□ 否□
十二	7S 管理: 整理:区分能用和不能用 整顿:制定工具使用位置 清扫:工位设备清洁保持 清洁:标准到心保持到位 素养:制度贯彻行为改善 安全:安全防护时刻牢记 节约:物尽其用惜时勤俭	是□ 否□ 是□ 否□ 是□ 否□ 是□ 否□ 是□ 否□ 是□ 否□ 是□ 否□

工单记录员:　　　车间主任:　　　客户签字:　　　维修时间:

【任务评价】

根据表 3-1-3 对本任务实施过程进行评价。

表 3-1-3 任务评价表

序号	检查项目	自我评价	小组评价	教师评价	备注
1	遵守安全操作规范（10 分）				
2	态度端正，工作认真，按步骤操作（10 分）				
3	任务 1（10 分）				
4	任务 2（10 分）				
5	任务 3（20 分）				
6	遵守纪律（10 分）				
7	做好 7S 管理工作（10 分）				
8	完成本工作任务单的全部内容（20 分）				
	合计				
	总分				

任务 2　动力电池的更换与开盖维修

【技能目标】

1）能够结合实物进行绝缘手套密封性检查。

2）能够对吉利帝豪 EV450 进行断电操作。

3）能够对吉利帝豪 EV450 进行动力蓄电池更换作业。

【素养目标】

1）能够在工作过程中与小组其他成员合作、交流，养成团队合作意识，锻炼沟通能力。

2）养成 7S 的工作习惯。

3）养成服从管理，规范作业的良好工作习惯。

【任务描述】

某客户有一辆吉利帝豪 EV450 轿车无法正常上电，经过技师诊断，需要更换动力电池。作为专业人员，你需要掌握动力电池拆装的准备工作、绝缘手套密封性检查和对吉利帝豪 EV450 进行断电操作。你能完成动力电池的更换操作吗？

【任务分析】

作为专业人员，你应该掌握动力电池拆装的准备工作、动力电池拆装前准备和动力电池拆装安全注意事项等方面的知识，能够对吉利帝豪 EV450 进行断电操作，并进行动力蓄池更换作业。

【任务实施】

1. 结合所学内容，在图 3-2-1 中填入正确的操作步骤名称。

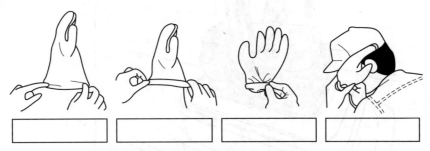

图 3-2-1　检查绝缘手套

2. 结合所学内容，在图 3-2-2 中填入正确的物品名称。

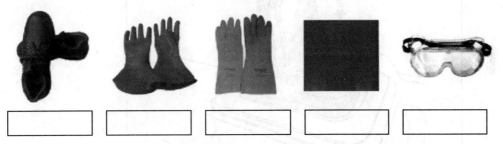

图 3-2-2　防护装备

3. 表 3-2-1 是吉利帝豪 EV450 的断电流程，请分别写出各步骤名称。

表 3-2-1　吉利帝豪 EV450 断电流程

序号	断电流程	名称
1		
2		

续表

序号	断电流程	名称
3		
4		
5		
6		

【任务评价】

根据表 3-2-2 对本任务实施过程进行评价。

表 3-2-2 任务评价表

序号	检查项目	自我评价	小组评价	教师评价	备注
1	遵守安全操作规范（10分）				
2	态度端正，工作认真，按步骤操作（10分）				
3	任务1（10分）				
4	任务2（10分）				
5	任务3（20分）				
6	遵守纪律（10分）				
7	做好7S管理工作（10分）				
8	完成本工作任务单的全部内容（20分）				
	合计				
	总分				

任务3 检测汽车动力电池

【技能目标】

1）能够结合实物进行电池荷电状态检测。
2）能够结合实物进行电池一致性检测。

【素养目标】

1）能够在工作过程中与小组其他成员合作、交流，养成团队合作意识，锻炼沟通能力。
2）养成7S的工作习惯。
3）养成服从管理，规范作业的良好工作习惯。

【任务描述】

某客户有一辆吉利帝豪EV450轿车无法正常上电，经过技师诊断，是动力电池的相关故障。作为专业人员，你需要对动力电池进行检测。你能完成任务吗？

【任务分析】

作为专业人员，你应该掌握动力电池的主要性能指标和性能检测方法等方面的知识，能够结合实物进行电池荷电状态检测，并结合实物进行电池一致性检测。

【任务实施】

1. 结合所学内容，写出动力电池的主要性能指标。

2. 结合所学内容，补全表 3-3-1 中空白。

表 3-3-1　不同储能器的比能量和比功率

电池种类	比能量 / (W·h·kg^{-1})	比功率 / (W·kg^{-1})
铅酸蓄电池	30~40	
镍氢电池		500~800
锂离子电池		500~1500
锂聚合物电池	50	600~1100
飞轮储能器	1~5	
超级电容器		400~4500

3. 根据所学内容，描述动力电池的性能检测方法。

【任务评价】

根据表 3-3-2 对本任务实施过程进行评价。

表 3-3-2　任务评价表

序号	检查项目	自我评价	小组评价	教师评价	备注
1	遵守安全操作规范（10分）				
2	态度端正，工作认真，按步骤操作（10分）				
3	任务1（10分）				
4	任务2（10分）				
5	任务3（20分）				
6	遵守纪律（10分）				
7	做好 7S 管理工作（10分）				
8	完成本工作任务单的全部内容（20分）				
	合计				
	总分				

学习情境 4　动力电池的检修

任务 1　检修动力电池的绝缘故障

【技能目标】

1）能够使用绝缘表测量动力电池绝缘性。

2）能够诊断吉利帝豪 EV450 动力电池绝缘故障。

【素养目标】

1）能够在工作过程中与小组其他成员合作、交流，养成团队合作意识，锻炼沟通能力。

2）养成 7S 的工作习惯。

3）养成服从管理，规范作业的良好工作习惯。

【任务描述】

某客户有一辆吉利帝豪 EV450 轿车无法正常上电，经过技师诊断，是动力电池的绝缘故障。作为专业人员，你需要对车辆进行诊断维修。你能完成任务吗？

【任务分析】

作为专业人员，你应该掌握吉利帝豪 EV450 汽车故障诊断六步法、绝缘表的使用方法和吉利帝豪 EV450 动力电池绝缘故障诊断思路等方面的知识，能够使用绝缘表测量动力电池绝缘性，并诊断吉利帝豪 EV450 动力电池绝缘故障。

【任务实施】

1. 结合所学内容，写出绝缘表的使用方法。

2. 结合所学内容，写出表 4-1-1 中故障现象的处理方法。

表 4-1-1　故障代码

故障代码	故障描述/条件	故障部位/排除方法
P21F02A	高压继电器闭合的前提下，绝缘故障（最严重）	参见动力电池绝缘阻值检测
P21F02B	高压继电器断开的前提下，绝缘故障（最严重）	电池包内部（检查 PACK 绝缘）
P21F02C	绝缘测量故障	电池包内部（更换 BMU）

3. 写出动力电池的绝缘故障的常见故障原因。

【任务评价】

根据表 4-1-2 对本任务实施过程进行评价。

表 4-1-2 任务评价表

序号	检查项目	自我评价	小组评价	教师评价	备注
1	遵守安全操作规范（10分）				
2	态度端正，工作认真，按步骤操作（10分）				
3	任务 1（10分）				
4	任务 2（10分）				
5	任务 3（20分）				
6	遵守纪律（10分）				
7	做好 7S 管理工作（10分）				
8	完成本工作任务单的全部内容（20分）				
	合计				
	总分				

任务 2　检修动力电池管理系统的电源故障

【技能目标】

1）能够结合实物描述动力电池管理系统故障级别。

2）能够诊断动力电池管理系统的电源故障。

【素养目标】

1）能够在工作过程中与小组其他成员合作、交流，养成团队合作意识，锻炼沟通能力。

2）养成 7S 的工作习惯。

3）养成服从管理，规范作业的良好工作习惯。

【任务描述】

某客户有一辆吉利帝豪 EV450 轿车无法正常上电，经过技师诊断，是动力电池管理系统的电源故障。作为专业人员，你需要对车辆进行诊断维修。你能完成任务吗？

【任务分析】

作为专业人员，你应该掌握动力电池管理系统故障级别分类、动力电池管理系统的电源故障代码和动力电池管理系统的电源故障诊断步骤等方面的知识，能够结合实物描述动力电池管理系统故障级别，并诊断动力电池管理系统的电源故障。

【任务实施】

1.结合所学内容，写出动力电池管理系统故障的 3 个等级。

2.结合所学内容，写出表 4-2-1 中故障现象的处理方法。

表 4-2-1　故障代码

故障代码	说明
P21F024	动力电池管理系统的 12V 供电电源电压过低故障
P21F025	动力电池管理系统的 12V 供电电源电压过高故障

3.写出动力电池管理系统电源故障的常见故障原因。

【任务评价】

根据表4-2-2对本任务实施过程进行评价。

表4-2-2 任务评价表

序号	检查项目	自我评价	小组评价	教师评价	备注
1	遵守安全操作规范（10分）				
2	态度端正，工作认真，按步骤操作（10分）				
3	任务1（10分）				
4	任务2（10分）				
5	任务3（20分）				
6	遵守纪律（10分）				
7	做好7S管理工作（10分）				
8	完成本工作任务单的全部内容（20分）				
	合计				
	总分				